# É POSSÍVEL, É REAL

Angelo Longhi
Padre Diego Rihl Bettoni

# É POSSÍVEL, É REAL

O poder da esperança

**Dados Internacionais de Catalogação na Publicação (CIP)**
**(Câmara Brasileira do Livro, SP, Brasil)**

Longhi, Angelo
 É possível, é real : o poder da esperança / Angelo Longhi, Padre Diego Rihl Bettoni. -- São Paulo : Paulinas, 2019. -- (Coleção diálogo)

 ISBN 978-85-356-4553-8

 1. Autoconhecimento 2. Conduta de vida 3. Determinação 4. Esperança 5. Espiritualidade 6. Fé 7. Perseverança 8. Tempo - Administração 9. Vida cristã I. Bettoni, Diego Rihl. II. Título. III. Série.

19-28779                                                                                                CDD-248.4

**Índice para catálogo sistemático:**
1. Conduta de vida : Vida cristã 248.4

Maria Paula C. Riyuzo - Bibliotecária - CRB-8/7639

1ª edição – 2019

Direção-geral: *Flávia Reginatto*
Editora responsável: *Andréia Schweitzer*
Copidesque: *Ana Cecilia Mari*
Coordenação de revisão: *Marina Mendonça*
Revisão: *Sandra Sinzato*
Gerente de produção: *Felício Calegaro Neto*
Capa e diagramação: *Tiago Filu*

*Nenhuma parte desta obra poderá ser reproduzida ou transmitida por qualquer forma e/ou quaisquer meios (eletrônico ou mecânico, incluindo fotocópia e gravação) ou arquivada em qualquer sistema ou banco de dados sem permissão escrita da Editora. Direitos reservados.*

**Paulinas**
Rua Dona Inácia Uchoa, 62
04110-020 – São Paulo – SP (Brasil)
Tel.: (11) 2125-3500
http://www.paulinas.com.br / editora@paulinas.com.br
Telemarketing e SAC: 0800-7010081

© Pia Sociedade Filhas de São Paulo – São Paulo, 2019

"A vida é curta
e nós a encurtamos ainda mais
desperdiçando o tempo."
Victor Hugo

# SUMÁRIO

Prefácio ............................................................................. 9

**CAPÍTULO 1**
Terreno baldio x jardim .................................................. 15

**CAPÍTULO 2**
Como está o meu jardim? ............................................... 27

**CAPÍTULO 3**
Na sombra do limoeiro, não se produz beterraba ........ 45

**CAPÍTULO 4**
Meu jardim, seu jardim .................................................. 57

**CAPÍTULO 5**
Milho campeão ............................................................... 63

**CAPÍTULO 6**
Arranque a erva daninha da desesperança .................. 77

**CAPÍTULO 7**
Um jardim cada vez mais belo ....................................... 85

Sete passos para a colheita extraordinária ................... 89

Nota dos autores ............................................................ 95

# PREFÁCIO

## Quanto tempo você tem?

Na realidade humana, uma grande riqueza que não pode ser poupada, acumulada ou comprada é o TEMPO. Este só é gasto, ninguém pode segurá-lo. Partindo dessa afirmação, compreende-se outra certeza: todo mundo tem um tempo que, inevitavelmente, acabará. A uns foi dado um segundo, a outros dez anos e a alguns cem anos. Apesar disso, tudo passa, e passa rápido.

Caro leitor, uma das armadilhas mais comuns em que podemos cair ao longo da vida é ter boas intenções, sem estipular um período para a realização desses propósitos. A boa intenção acaba por se tornar apenas um desejo fora do tempo, sem data para se concretizar. É uma boa ação que não se realiza nunca, não passando de um desejo deslocado na finitude do tempo. As pessoas desejam ser melhores, querem mudar, mas permanecem em sua zona de conforto e contentam-se apenas com a afirmação de que seria bom se as coisas fossem diferentes e que amanhã começarão a agir. No entanto, o amanhã nunca chega, o que envenena os sonhos, resultando em frustração por não se conseguir alcançar os objetivos.

Como você tem gasto o seu tempo?

- ☐ Esperando que algo ocorra e mude a sua minha vida.
- ☐ Repleto de boas intenções, mas sem data para realizá-las.
- ☐ Agindo e empregando essa riqueza da melhor forma possível.

É possível pegar cinco minutos de sua vida e guardar para gastar mais tarde? Não. Desde o primeiro segundo de nossa existência, tudo o que as pessoas fazem é servir-se do tempo, gastando cada segundo.

O tempo é um presente que, em resumo, pode ser empregado de duas maneiras. A primeira é a construção de valores eternos, ou seja, o tempo que é finito nos foi dado para construirmos o infinito. Assim, uma parcela do infinito que passa e que é conhecida como tempo foi concedida às pessoas como um grande presente. Se bem empregado, o indivíduo receberia uma recompensa por mérito. Portanto, utilize-o com valores eternos, com tudo o que classifica a existência humana como única: o amor, a fraternidade, o perdão etc.

A segunda forma de emprego dessa riqueza é a realização humana, ou seja, o modo como o tempo é gasto, o que atribui sentido a ele, transformando-o em algo memorável, uma missão repleta de significado. Conferir sentido ao tempo gasto interfere, inclusive, na relação com o outro. Portanto, não importa o tempo que se tem, mas como ele é utilizado.

Tenho um amigo que se tornou especialista do tempo. Não é cientista, nem meteorologista. É, na verdade, ministro das exéquias, alguém que, por meio de palavras e orações, auxilia os familiares de pessoas cujo tempo terreno findou. Ele seguidamente me falava sobre sua experiência de longos anos participando de velórios, onde pôde notar a diferença na transição daqueles que souberam fazer bom uso do tempo. Há inúmeros velórios vazios, assim como há velórios cheios. Aqui, não me refiro ao número de pessoas, mas sim às expressões de sentido, vida, gratidão e saudade.

Certo dia, ele disse:

– Já vi velórios de pessoas de setenta, oitenta anos que me transmitiam a certeza de que não souberam gastar seu tempo, que não viveram, apenas sobreviveram até o tempo acabar, não tendo cumprido a sua missão. Por outro lado, também participei de velórios de bebês e, ao olhar para a família, mesmo que as lágrimas e a dor estivessem presentes, percebia-se a união, o perdão e, até mesmo, a gratidão. Compreendia então, que, misteriosamente, aqueles pequenos seres haviam sido enviados ao mundo e, em pouco tempo, tinham atribuído significado à sua existência, tinham cumprido sua missão.

Se você está lendo este livro, ainda há TEMPO para modificar o que for preciso e você pode escolher como utilizá-lo. Este livro quer questioná-lo, enchê-lo de esperança e fé. Além disso, este texto pretende irradiar amor, que é a maior força do universo, um resumo do verdadeiro significado do uso do tempo.

Agora, tome uma decisão e descubra como utilizar o seu tempo de forma diferente. Esta obra irá preencher sua vida, trazendo liberdade interior. Você perceberá que mudar a forma como gasta o seu tempo é uma decisão que vale a pena.

"O segredo é não correr atrás das borboletas.
É cuidar do jardim para que elas venham até você."
Mário Quintana

# CAPÍTULO 1

## TERRENO BALDIO X JARDIM

Este livro não teria sido redigido sem a certeza de que o que está escrito aqui "é possível, é real e é para todos".

Assim, o tema que será abordado relaciona-se à crença de que todo ser humano tem uma missão que dá sentido à sua existência, estando apto para realizá-la. Na busca por essa realização, há uma vida abundante e plena. Essa vida existe, é possível e é real. Escrever um livro como este sem crer nessa afirmação seria uma desonestidade, considerando-se o fato de que ele alcançará pessoas diferentes. Acreditar que apenas alguns privilegiados chegam neste mundo com uma missão, ou que poucas pessoas estão destinadas a realizar os seus sonhos, enquanto a grande maioria vive como meros figurantes no palco da vida, faria desta obra uma perda de tempo.

Você acredita que tem uma missão para realizar nesta vida?

Você já sabe qual é a sua missão? Se sabe, qual é?

Você acredita que todos podem ter uma vida plena?

Propõe-se nas páginas a seguir que todos, sem distinção, tenham a possibilidade de realizar mudanças e melhorias em sua vida, considerando-se que cada um tem uma escolha a fazer e pela qual é responsável. Deus não seria honesto conosco se nos colocasse no mundo sem nos conceder a oportunidade de realizar nossos sonhos.

> Ninguém depende da sorte ou dos outros
> para empregar bem o seu tempo.
> Essa decisão é pessoal.

A vida pode ser comparada a um pequeno pedaço de terra, no qual você é livre para ter um terreno baldio ou construir um belo jardim. O que é mais fácil de cultivar? Um terreno baldio ou um bonito jardim? Para ter um terreno baldio, basta que você o abandone. Não plante nada, não faça nenhuma manutenção e deixe que o capim tome conta da terra. Para possuir o jardim, no entanto, é necessário que você se dedique a ele. Prepare o solo, plante as sementes, cultive as mudas, corte a grama, espere que as flores cresçam e aguarde os frutos; só assim terá um lindo jardim. Qual dos dois dá mais trabalho? Qual dos dois é mais agradável aos olhos? Qual dos dois você terá mais satisfação em possuir?

Considere agora outra situação: você sabe que dentro de um mês prestará uma prova, podendo escolher entre dois caminhos. O primeiro é deixar o dia da prova chegar e não alterar nada na sua rotina. O segundo é planejar, organizar o material, ler a matéria, fazer os exercícios, escrever os resumos e revisar o conteúdo. Em qual das duas opções é mais provável que você alcance uma boa nota? O que é mais fácil? Tirar zero ou tirar dez? Entre as duas opções, qual exige menos esforço? Na primeira, basta que você não faça nada, não trace um plano a ser seguido, não prepare um roteiro e não aja para alcançar um resultado diferente do esperado, obtendo uma nota baixa. Na segunda, é preciso organizar seu tempo e o estudo, dedicando sua atenção, eliminando as distrações e tendo vontade de estudar. Está claro que o mais cômodo é tirar zero na prova. Mais cômodo ainda é tirar zero e culpar o professor. Porém, qual dos dois resultados você prefere? Não é muito melhor uma nota boa? Você se sentirá merecedor devido ao seu esforço. Terá aprendido e crescido intelectualmente, o que proporcionará um futuro melhor. Terá orgulho de mostrar suas conquistas aos colegas. Você vai gostar de exibir a nota aos seus pais. Assim, se sentirá motivado a dedicar-se para atingir sempre bons resultados.

É claro que, na opção consciente, todos querem o jardim, as notas boas e a vida plena, mas o que aconteceu conosco? Por que há períodos em que não mexemos no jardim? Há alguns anos, cultivei um pequeno espaço de terra em nossa casa. Arei, construí canteiros, plantei boas sementes, reguei etc. E assim, por um período, me orgulhei da existência daquele canteiro, visitando-o diariamente para regar e apreciar os brotos que apareciam. Porém, os compromissos vieram, meus horários mudaram e aquele canteiro, feito com tanto amor, ficou abandonado. As ervas daninhas tinham tomado conta e as plantas, no momento da colheita, estavam rodeadas de ervas daninhas, mal regadas, com fungos, sem proteção. Um desastre e uma desculpa: "Não é possível plantar aqui, não dá certo".

Será que não era possível ou será que eu é que não soube cuidar do jardim?

Já tive também a possibilidade de plantar em um sítio da família. O sonho de lá construir um belo e grande jardim, com árvores frutíferas, flores e verduras, me animava muito. Havia visto em uma revista como uma pequena porção de terra, se bem cultivada e cuidada, poderia produzir o que se sonhava. No entanto, a ideia não saiu do papel. Não orcei as ferramentas de que precisava e nunca comprei as mudas e as sementes. Durante algum tempo, ia até lá e imaginava a terra produzindo, o que nunca ocorreu, pois não agi. E uma nova desculpa se formava: "Não é fácil ter um canteiro como o dos meus sonhos. Isso não passa de uma miragem, uma ilusão".

Será que não era mesmo possível ou eu que, cheio de boa intenção, só sonhei, sem agir, sem me mover na direção certa?

Lembro que, quando criança, meu avô entregou em minhas mãos uma pá de corte: "Ferramenta de gente grande", dizia ele, e me mostrou como preparar a terra. Naquele terreno, a terra era dura e seca, de modo que a terra que eu conseguia mexer, com muito custo, saía em grandes e duros blocos.

Foi lá que aprendi com meu avô a bater a terra, espalhar a semente e regar. E foi lá que, mais tarde, colhi e comi as verduras, talvez não as mais gostosas, mas as que me trouxeram maior satisfação, pois eu tinha feito parte da história daquele canteiro.

É fato que, na vida,
muitos tentam construir um belo jardim,
ou seja, alcançar uma vida plena.
Entretanto, esbarram na falta de persistência
e de zelo pelo sonho iniciado.

Alguns apenas sonham, não agem nunca e, com o tempo, passam a achar que ter um belo jardim é apenas uma ilusão, um privilégio para poucos sortudos. Acomodam-se no terreno baldio. Outros não utilizam a semente, a ferramenta e o tempo certos e, após tentar diversas vezes, concluem que não há como conseguir, conformam-se e permanecem entre o lixo, as ervas daninhas e os animais peçonhentos, dizendo que estão ali por escolha e opção consciente.

Uns poucos, no entanto, sonham, agem, cuidam e colhem.

Retorne à imagem do jardim e faça um exercício. Primeiramente, imagine um terreno baldio – um pedaço de terra sem dono, com lixo depositado no local, as ervas daninhas tomando conta e cobrindo o solo. Agora pense no jardim – suas flores favoritas, suas árvores frutíferas preferidas e uma grama verde bem cuidada. Qual das duas imagens proporcionou um sentimento melhor? Qual das duas você prefere? Tenho certeza que a do jardim.

Em um primeiro momento é muito mais prazeroso não agir, deixando que, no seu pedaço de terra, o mato cresça sozinho, a macega se apodere do lugar, os espinhos apareçam e os entulhos se aglomerem. Você não precisará despender tempo com esforços, empenhos e decisões e tudo continuará do mesmo jeito. O tempo, que sempre é gasto, ficará empenhado na procrastinação, na mesmice, nas desculpas, na vitimização, nos prazeres passageiros e nas muitas justificativas. Para que seu jardim fique bonito, são necessários esforço e dedicação da sua parte, e isso exigirá que você gaste tempo com o seu terreno. Será preciso torná-lo fértil, adubar a terra, arar o solo, irrigar as plantas, saber o tempo certo de cada semeadura, podar as árvores e esperar brotar o plantio.

O quanto você tem optado por construir um jardim?

Ou a sua opção é o terreno baldio?

O quanto você tem agido na direção certa, arando, semeando, regando e cuidando do terreno?

O quanto tem optado por prazeres imediatos, principalmente o prazer do nada fazer?

Talvez você olhe para o seu terreno e pense: retirei todas as pedras, arranquei o capim e não deixei a erva daninha crescer. Isso já não basta? Já não está bom? Cuidado, pode ser um grande engano. Muitas vezes, nos preocupamos em não deixar o mato crescer, em arrancar os espinhos e retirar o que está incomodando. No entanto, acabamos nos esquecendo do principal: cultivar o jardim. Se não houver plantio, o terreno não deixará de ser um simples pedaço de terra que pode vir a tornar-se um espaço para descarte de lixo. Em terrenos vazios e limpos, é comum encontrar placas com os dizeres: NÃO JOGUE LIXO, o que dá a impressão de que é preciso ocupar o que está desocupado. Limpar é importante, manter improdutivo já é atrair lixo.

*Quem limpa a terra, mas não planta nada de bom, está preparando-a para acolher lixo.*

No Sul do Brasil, há uma árvore muito frondosa, o pinheiro de araucária. Essa planta pode atingir até 50 metros de altura e é oriunda de uma única semente, um pinhão de poucos gramas, com pouco mais de 5 centímetros. Para que ele nasça e cresça, é preciso que seja plantado. Esse trabalho é feito pela gralha-azul, uma ave que, no ímpeto de reservar comida para a época de escassez, sai pelos campos catando e enterrando pinhões. São tantos pinhões enterrados que, largados ao esquecimento, brotam e viram novos pinheiros.

Qual é o maior fenômeno: uma pequena semente de poucos centímetros transformar-se em uma árvore frondosa ou um pássaro ser responsável por plantar uma floresta de pinheiros? Num primeiro momento, pode parecer lógico ser o de um pequeno pinhão dar origem a um enorme pinheiro. Mas, observe, se esse pinhão não for plantado, nada acontecerá.

Não há colheita, se não houver plantio.

O que você plantou? Quais foram os frutos que colheu? Onde está o seu terreno fértil? O que fez com o que lhe foi dado?

Não se engane, o que define seu jardim não é a intenção da colheita, mas sim os frutos e as flores colhidos.

É preciso plantar, é necessário gastar seu tempo cultivando a terra. Como é bom saborear o fruto que cuidamos e colhemos graças ao nosso trabalho. Como é prazeroso sentir o cheiro da flor que nasceu da nossa dedicação. Como é agradável receber um elogio devido à beleza do nosso jardim. Tudo isso é consequência do empenho, esforço e zelo que tivemos para que o nosso pedaço de terra florescesse.

Os frutos condizem com a semente que foi plantada.

Quero que você se detenha nisto: vale a pena o cuidado diário para que o terreno fique bonito. É se responsabilizando pelo seu jardim que as borboletas irão aparecer.

Além do poema de Mário Quintana que abre este capítulo, William Shakespeare também nos ensina: "Plante seu jardim e decore sua alma, ao invés de esperar que alguém te traga flores".

A decisão é sua, você pode ficar sentado vendo o capim crescer ou colocar a mão na terra e colher os frutos.

É preciso acreditar!
É preciso agir!

## Atividade

Utilizando a imaginação, visualize um terreno com solo fértil. Imagine-se olhando para esse terreno, o tempo passando e você imóvel. Como ficaria esse terreno depois de um ano? E após dois anos sem que nada seja feito nessa terra? Consegue imaginar a erva daninha crescendo, o mato acumulando, o lixo aparecendo?

Agora, imagine novamente o terreno de solo fértil. Como ele ficaria dentro de um ano, se você o cultivasse, plantasse mudas, adubasse o solo e regasse as plantas? E dois anos após o cultivo, como seria essa terra? Maravilhosa, não é mesmo?

Faça esse exercício e decida. Qual é o melhor? Qual é o mais belo? O que proporciona mais alegria?

"A humildade é a verdade."
Santa Teresa D'Ávila

# **CAPÍTULO 2**

# COMO ESTÁ O MEU JARDIM?

Se você conseguiu visualizar o jardim, agora está na hora de perguntar a si mesmo: como está o meu jardim? Lembre-se de que quem define o seu jardim não é você, sua opinião ou seu relativismo, mas sim os frutos e flores que ele contém.

> "Pelos seus frutos os conhecereis.
> Acaso se colhem uvas de espinheiros,
> ou figos de urtigas?"
> (Mt 7,16)

Se você pudesse avaliar seu jardim interior, sua vida, o que diria sobre ela? E se não lhe agradam os resultados, como poderia explicar isso? O que aconteceu?

Há pessoas em sua vida que têm impedido você de frutificar? Há pessoas que têm impedido você de realizar seus sonhos e ter uma vida melhor? Quem são essas pessoas? O que elas lhe fizeram?

O primeiro passo para qualquer mudança é se reconhecer dono do seu jardim. Mudanças em nossa vida acontecem rapidamente, mas temos que optar por uma transformação radical de mentalidade, precisamos ser humildes. Reconheça agora: EU SOU O RESPONSÁVEL PELO MEU JARDIM.

Até mesmo a origem da palavra humildade é interessante, considerando-se que ela procede de "húmus", que significa "terra". Sem terra não há jardim, sem humildade não há vida que valha a pena. Queremos reconstruir o conceito de humildade, que nada tem a ver com o que diz o senso comum, que a define como "coitadismo", "vitimização", mentir sobre si mesmo, enterrar talentos ou anular-se.

> Você já parou para pensar que há uma grande diferença entre ser bonzinho e ser bom?

A pessoa boazinha vive se ajustando à vontade dos outros por medo de conflitos. Age com o intuito de alcançar a aceitação alheia. Muda de opinião facilmente, chegando ao ponto de sacrificar o seu tempo, o seu dinheiro, o seu bem-estar e até mesmo os seus valores para agradar aos demais. O bonzinho é incapaz de dizer não. A pessoa boa, por sua vez, tem seus valores definidos. Ela é por fora o que é por dentro, sem máscaras. Ela tem consciência de que nunca agradará a todos. Ser bom requer esforço, ser bonzinho requer omissão. Cabe-nos decidir onde desejamos nos encaixar.

Assim, desejamos que você reflita sobre o verdadeiro significado da palavra humildade. Muitas pessoas confundem o conceito de humildade com o de passividade. No entanto, humildade não é sinônimo de passividade e de submissão. É possível ser milionário e ser humilde, assim como é possível ser pobre e não ser humilde. Ser humilde não tem nada a ver com situação financeira, é falar a verdade, saber reconhecer seus pontos fracos e seus pontos fortes. É ser autêntico, aceitar sua realidade, não se esconder e não mentir para si mesmo. É aceitar quem você é, sendo sincero consigo mesmo e com Deus.

> Humildade é reconhecer quais são as suas qualidades e quais as áreas em que você precisa melhorar.

Responda sinceramente o questionamento a seguir, para saber se você assimilou o conceito:
- Um cantor desce do palco e é cumprimentado por seus fãs. Ele pode ser considerado humilde se:
    - ☐ Reconhece seu talento e o esforço despendido nos ensaios e agradecer os aplausos do público.

- ☐ Nega as palmas e diz: "Não foi nada". "Não tenho dom nenhum."
- Uma mãe, quando elogiada pela educação conferida aos filhos, é humilde se:
  - ☐ Acolhe o elogio, agradece o reconhecimento e compartilha sua experiência com os demais.
  - ☐ Afirma que estão enganados, que ela é horrível e que os outros nem imaginam o quanto ela sofre.
- Um empresário bem-sucedido é humilde quando:
  - ☐ Ao analisar os resultados positivos alcançados, alegra-se com eles, fica agradecido com o que tem e com quem o auxilia.
  - ☐ Esconde os resultados positivos, mente a respeito deles e afirma ser incapaz.
- Ao perceber que sua vida é um verdadeiro terreno baldio, a pessoa é humilde quando:
  - ☐ Reconhece que está vivenciando os resultados de suas escolhas, que a responsabilidade é dela e não de outras pessoas; que não adianta esperar a mudança dos outros e do mundo, e sim que é preciso colocar mãos à obra e trabalhar para que a mudança ocorra.

☐ Culpa os outros, sejam eles seus pais, o governo, o cônjuge, os filhos, o chefe e até mesmo Deus pelos fracassos que vivencia. Vitimiza-se, afirmando ser uma coitadinha, uma sofredora resignada que tudo suporta para evitar brigas e confusão. Espera que a sorte mude a sua vida. Anda de cabeça baixa, com os ombros arqueados e fala em tom baixo, não possui sonhos ou metas e não age. Afinal, se agisse, as coisas poderiam melhorar e, então, como manter a humildade?

Se você assinalou a segunda alternativa em alguma dessas sentenças, acostume-se a viver no meio das ervas daninhas. Porém, se apontou a primeira opção em todas as questões, acredite que as mudanças na sua vida são possíveis e acontecerão rapidamente.

Então, seja humilde e olhe para o seu jardim interior, encontre a realidade no seu coração e reflita, profundamente, sobre o que há nele. Há muitas flores? Há poucas flores? Qual a quantidade de capim? Há árvores frutíferas? Há laranjeira? Há macieira? Há pessegueiro? Como está a grama? Há lixo? Há espinhos? Como está a terra? Você sente-se responsável por seu jardim?

"Tudo tem seu tempo.
Há um momento oportuno
para cada coisa debaixo do céu:
tempo de nascer e tempo de morrer;
tempo de plantar
e tempo de arrancar o que se plantou."
(Ecl 3,1-2)

## Afinal, o que é um belo jardim?

Caro leitor, para auxiliar na análise de como está o seu jardim, sugerimos que você faça um exercício. Não queremos relativizar nada, uma vez que qualquer mudança deve ter bases sólidas e a ciência avançou muito nos conceitos de felicidade e qualidade de vida. Assim, vamos conduzi-lo a decisões concretas, fazendo-o analisar fatos pontuais em sua vida. Não tem essa de "a beleza é relativa", "a beleza está nos olhos de quem a vê" ou "acho bonito a erva daninha decorada com o lixo". Chega de relativismo! Ele faz com que as pessoas se percam em seus sonhos e em seus sentimentos, enterrando talentos e tornando-se, inconscientemente, meras espectadoras da vida.

Reflita sobre a frase a seguir: "Amar a DEUS sobre todas as coisas e o PRÓXIMO como a SI mesmo".

A partir dessa máxima, medite sobre como está a sua relação com as três pessoas com as quais vale a pena gastar seu tempo: *Deus*, o *próximo* e *você mesmo*. A cada pergunta, responda para si mesmo: *sim* ou *não*. A cada resposta positiva, marque um fruto da árvore; se a resposta for negativa, deixe o fruto em branco. Lembre-se de responder às perguntas com muita sinceridade e humildade.

A primeira árvore representa *DEUS*, sua vida espiritual.

1. Você conversa com Deus diariamente?
2. Você é grato a Deus pelas coisas que possui?
3. Você tem nutrido esperança?
4. Você valoriza as coisas sagradas?
5. Você realiza algum gesto concreto de gratidão?
6. Você procura a verdade?
7. Você ama, respeita e zela pela vida?
8. Você confia e espera em Deus?
9. Você ama a Deus sobre todas as coisas?
10. Você lê a Palavra de Deus?
11. Você segue os preceitos da fé?
12. Você busca descobrir e realizar a missão que Deus lhe confiou?
13. Você busca ser feliz conforme os valores da fé?
14. Você reza com sua família?
15. Você testemunha que é bom crer em Deus?

A segunda árvore representa o *PRÓXIMO*, sua vida social.

1. Você tem um bom relacionamento com seus pais?
2. Você perdoa e ama os seus pais?
3. Você é afetuoso com a sua família?
4. Você tem um bom diálogo com os seus irmãos e/ou familiares?
5. Você mantém um contato saudável com os seus pais, irmãos ou parentes?
6. Você tem uma boa vida afetiva?
7. Você se sente amado?
8. Você se sente valorizado por quem ama?
9. Você dá e recebe carinho de sua família (pai/mãe/filhos/esposo/esposa)?
10. Você tem um bom relacionamento com parentes?
11. Você já pediu perdão às pessoas que magoou/prejudicou?
12. Você se diverte de forma sadia e é referência para os amigos?
13. Você cultiva amizades?
14. Você tem paciência para escutar e aconselhar?
15. Você tem um bom relacionamento no trabalho?

A terceira árvore representa *VOCÊ*, sua vida pessoal.

1. Você reserva tempo para o lazer?
2. Você pratica atividade física?
3. Você tem amigos?
4. Você tem boa saúde?
5. Você é disposto e emocionalmente positivo?
6. Você consegue guardar dinheiro todo mês?
7. Você tem reservas financeiras?
8. Você tem planos e sonhos definidos?
9. Você lê livros?
10. Você faz cursos e deseja instruir-se pessoal e profissionalmente?
11. Você está satisfeito com os seus resultados no trabalho?
12. Você trabalha no que gosta e vê perspectivas de, nesse ambiente, realizar a sua missão?
13. Você ajuda os necessitados?
14. Você tem vivido como um vitorioso?
15. Você está feliz com a sua vida?

Observe suas árvores e veja como ficaram. Há muitos ou poucos frutos marcados? Há um equilíbrio entre as árvores? Há alguma árvore que ficou com mais frutos em branco? Qual árvore você precisa cultivar mais? Reveja as perguntas às quais respondeu "não" e reflita sobre como pode melhorar nesses aspectos. Qual é a perspectiva ideal: somente uma árvore produzir frutos ou as três frutificarem do mesmo modo?

Bom seria se mantivéssemos as três, comuns a todos os seres humanos, em equilíbrio: Deus, o próximo e você mesmo. Por exemplo, uma pessoa que lê a Palavra de Deus, que reza e frequenta regularmente a igreja, porém, que não cumpre as suas tarefas no trabalho, não cuida das finanças e briga todos os dias com o cônjuge, dá um contratestemunho, pois há desequilíbrio em suas árvores.

É preciso que nosso jardim esteja em harmonia, tendo frutos na primeira árvore (vida espiritual), na segunda árvore (vida social), e na terceira árvore (vida pessoal). É possível que as três árvores do nosso jardim deem frutos, basta que nos esforcemos para isso.

Na parábola dos talentos (Mt 25,14-30), percebe-se claramente que cada pessoa recebe habilidades diferentes, algumas em maior e outras em menor número, e a cada um é exigido conforme os seus talentos. O importante é a forma como cultivamos nossas capacidades. Por exemplo, em uma prova onde a nota máxima é dez, se temos capacidade de tirar oito, Deus não irá exigir que alcancemos a nota máxima. Precisamos atingir a excelência. Isso não significa que todos precisam tirar dez na prova, mas que devemos esforçar-nos para conseguir o máximo, de acordo com o dom que Deus nos deu. Por essa razão, dependendo da aptidão de cada pessoa, algumas terão a primeira árvore com mais frutos, outras a segunda e outras ainda a terceira. O fundamental é empenhar-se para que todas elas produzam frutos. Há os que têm mais inclinação para o lado espiritual, esses devem empenhar-se em cuidar da saúde, das finanças e do intelectual. Há outros que possuem mais aptidão para as amizades; portanto, devem esforçar-se para estar mais com Deus e ajudar os necessitados. Por fim, há outros ainda que têm mais facilidade de estar de bem com si mesmos, esses têm a obrigação de ir ao encontro dos amigos e da família, ao invés de se preocuparem somente consigo.

É evidente que você não cultiva seu jardim sozinho: Deus vem em nosso auxílio. Mas Deus quer a nossa participação, por isso, normalmente, ele só agirá se dermos o primeiro passo. Deus nos deu o terreno, a água, o sol e a semente, cabendo a nós, com nosso livre-arbítrio, decidir se vamos plantar flores ou espinhos. O ambiente é favorável para todos. Somos livres para plantar o que quisermos. Apesar disso, somos responsáveis pela colheita do que cultivarmos.

## O que você quer plantar?
## O que você quer colher?

No início deste capítulo, questionamos você com relação às pessoas com as quais convive e o que elas lhe fizeram que pudesse ter impedido você de buscar seus sonhos e realizar sua missão. Esperamos, ao final deste capítulo, que você tenha entendido que a única resposta plausível a esses questionamentos é: *EU*.

Se ainda há pessoas na sua lista a quem você acusa de impedir o crescimento do seu abundante jardim, releia este capítulo. Não avance sem antes compreender que você é responsável por seus frutos e que este é o início de toda a mudança. Precisamos reconhecer o que temos produzido e nos responsabilizarmos pela colheita, sermos humildes. Caso contrário, estaremos somente empilhando ainda mais desculpas paralisantes em nossa vida.

Leia este caso da vida real para que entenda ainda melhor.

Em meu trabalho de consultoria, durante um atendimento, um empresário falava sobre o momento difícil pelo qual passava no relacionamento com sua esposa, reclamando que ela não colaborava com a harmonia do lar, além de dizer que os traumas do passado e as violências sofridas na infância interferiam em sua vida conjugal.

Ao ouvir sua história, percebi em seu padrão de linguagem o quanto ele culpava os outros pelos frutos que estava colhendo em sua vida. Após o desabafo, olhei em seus olhos e afirmei que o que ele está vivendo hoje não é resultado do que lhe fizeram.

Comecei, então, a questioná-lo sobre o seu relacionamento com Deus, ao que ele respondeu que andava afastado e desconectado dele. Perguntei também sobre seu relacionamento com os outros, e ele respondeu que havia muitas pessoas a quem precisava perdoar, começando por seus pais e seu sogro.

Além disso, ele estava afastado dos irmãos, não encontrava mais seus amigos; não ajudava os necessitados; era um pai possessivo e afastado emocionalmente dos três filhos; egoísta e exigente com a esposa.

Por fim, questionei também sobre seu relacionamento consigo mesmo, ao que ele respondeu que há tempos abandonara o esporte, não seguia as orientações médicas de cuidados alimentares; não tinha momentos de lazer e não estudava; não agia para realizar as mudanças de que sua empresa precisava, seu dinheiro era mal administrado, de modo que ele gastava mais do que podia; seu estado emocional e ânimo diante da vida eram ruins, resultado de uma vida descrita dessa forma.

Mais uma vez, olhei fixamente em seus olhos e disparei: "Você não se conecta com Deus, está afastado de sua fé, tem brigado com a família, não tem amigos, não cuida da saúde, não desenvolve o seu intelecto, não ajuda aos necessitados, não age para melhorar a empresa, não cuida do dinheiro, é impaciente com esposa e filhos, E DIZ QUE OS CULPADOS PELA SUA INFELICI-DADE SÃO OS SEUS TRAUMAS DE INFÂNCIA E A SUA ESPOSA? COMO ASSIM?".

*Caro leitor, se a esta altura do livro você ainda não percebeu que é o grande responsável pelos frutos que colhe em sua vida, por favor, pare de ler e dê este livro de presente para outra pessoa.*

A conclusão da história, por sua vez, é fantástica. Naquele momento, o homem compreendeu que estava transferindo para os outros a responsabilidade pelos frutos que estava colhendo e resolveu agir. Passado um mês, retornei, reencontrei-o e tive uma grata surpresa: vi um empresário sorridente e rejuvenescido entrando na sala de reuniões. Ele veio ao meu encontro e narrou as mudanças que haviam ocorrido na sua vida naqueles dias. Em resumo, resolveu colocar mãos à obra no jardim de sua vida e os frutos cresceram rápido.

Ele se reconciliou com seus pais, voltou a praticar esportes e a entrar em contato com os seus amigos; passou em consultas médicas e regressou à igreja, reviu sua posição na empresa e passou a agir de forma educada e firme com seus colaboradores. Parou de compartilhar negatividades em casa com a esposa e os filhos, e começou a transmitir amor, elogios e gratidão. Nessas mudanças, também encontrou razão e força para buscar a ajuda profissional necessária em vista de sua reconstrução emocional.

Conclusão: sua história pregressa e os outros não eram os responsáveis pelo que ele estava colhendo. O único responsável era ele mesmo, que colhia o que plantava. Trocando as sementes, mudaram os frutos.

## Atividade

Analise cada uma das áreas da sua vida: Deus, o outro e você mesmo, e perceba, objetivamente, de que forma pode agir para melhorar a sua colheita.

Com relação a Deus, o que você pode fazer para ampliar a quantidade de frutos dessa árvore? Quando vai realizar isso? Que frutos espera colher com essas ações?

Com relação aos outros, o que você pode modificar para que essa árvore produza mais frutos? Quando vai realizar isso? Que frutos almeja colher com essa ação?

Com relação a si mesmo, o que você pode fazer, efetivamente, para expandir a produção de frutos dessa árvore? Quando pretende realizar isso? Que frutos deseja colher com essas ações?

"Não é possível ser bom pela metade."
Leon Tolstói

# CAPÍTULO 3

# NA SOMBRA DO LIMOEIRO, NÃO SE PRODUZ BETERRABA

Todo jardim demanda cuidado, boa terra, água e sol. Para que haja equilíbrio entre variedade e beleza, todas as plantas devem receber a mesma dedicação. Parece óbvio, mas quantas vezes nos prendemos em alguma árvore que nos encanta e cuidamos dela com tanto esmero que negligenciamos as demais plantas do jardim? Embora estejamos cuidando de algumas partes do jardim, não o fazemos de maneira completa. O cuidado excessivo com algumas plantas pode ser uma boa desculpa quando percebemos que as demais plantas não andam bem.

Lembro-me de que, quando procurei um lugar para a criação de um novo jardim, fiquei preocupado com o excesso de sol que poderia destruir minhas futuras plantas e escolhi a sombra de um limoeiro já crescido como espaço ideal para um pequeno jardim, uma vez que ali, pensava eu, o sol escaldante não secaria as plantas. Aprendi, porém, que na sombra as plantas não crescem bem.

Entenda isso: muitas vezes cuidamos tanto e tão bem de determinadas áreas de nossa vida que acabamos desequilibrando outros aspectos. Algumas áreas acabam, dessa forma, fazendo "sombra" em outras. Por vezes, cuidamos tanto de nós mesmos, que nos esquecemos de voltarmos para Deus e para os outros. Quantas pessoas passam tanto tempo na academia que deixam a desejar no trabalho ou no desempenho como pais? Quantas se envolvem tanto na vida dos parentes que se esquecem do próprio casamento? Quantas se preocupam tanto em servir os outros que abandonam a si mesmas, entristecendo-se e desanimando-se no próprio servir? Quantas cuidam tanto do trabalho e das finanças, em detrimento de sua saúde física e emocional?

Durante um seminário, ao questionar os presentes sobre o cuidado com sua saúde física, um participante levantou a mão, orgulhoso, pediu a palavra e disse:

– Nisso, sou nota dez. Participo de um grupo de corrida, alimento-me bem, treino todo dia, sou muito saudável e disposto. Essa árvore do cuidado pessoal é frondosa no meu jardim.

Eu o parabenizei, mas, sabendo que ele era casado e pai de dois filhos, sendo um deles um bebê, senti-me impelido a questioná-lo e disse:

– Parabéns! Mas o tempo empregado nas atividades físicas tem lhe permitido desfrutar da companhia de sua esposa e filhos? Essa atividade é suficiente para suprir o conforto emocional de sua vida? Ou essa atividade é um ponto de fuga da sua responsabilidade?

O jovem, muito disposto à mudança e a realizar melhorias na sua vida, demonstrando haver compreendido a relevância da questão, respondeu-me sorridente:

— É verdade, meu casamento não anda bem e, em vez de encarar os problemas e buscar melhorias, tenho preferido me ausentar. Como a atividade física está na moda, minha esposa não pode reclamar, afinal, estou cuidando da saúde, e não num bar bebendo ou fazendo outras bobagens. Apesar disso, com certeza estou fugindo e usando uma coisa boa, que não pode ser questionada, como desculpa para me ausentar. Agora entendi que essa árvore do cuidado comigo mesmo que, no caso, é a minha saúde, está muito grande e fazendo sombra nas outras plantas que precisam de sol. Vou rever isso em minha vida, podar um pouco essa árvore. Vou pedir à minha esposa que me perdoe pela "malandragem".

> É preciso arrancar a erva daninha e o capim,
> mas também é preciso podar as plantas boas.

E por que não arrancar algumas mudas que estão em excesso, transformando o nosso jardim em um terreno de um cultivo só, uma monocultura? Renunciar não é só deixar de fazer coisas erradas, é deixar de fazer coisas lícitas que, em excesso, estão desequilibrando a nossa vida, afastando-nos dos nossos sonhos, objetivos e compromissos.

Para aquele jovem, seria melhor correr três vezes por semana durante um período de tempo menor, não ser tão vigoroso e atlético, mas ser um pai mais presente e um esposo mais parceiro, do que se ausentar por horas para correr todos os dias da semana.

## Atividade

Localize as mais belas plantas do seu jardim, ou seja, as áreas da sua vida das quais você mais se orgulha, aquelas em que mais tem investido seu tempo e de onde colhe muitos frutos. Perceba o quanto o excesso de cuidado com essa área possa ter resultado em negligência com outras áreas. Quais plantas precisam ser podadas? Quais renúncias precisam ser feitas?

## Tabela de identificação de gasto do tempo

Identifique as áreas da sua vida às quais mais tem dedicado tempo, visualize o que assinalou e veja se é preciso buscar equilíbrio no cuidado das árvores da sua vida e o que pode fazer para que isso aconteça. Lembre-se de sua última semana e veja se consegue identificar quantas horas dedicou a:

| ÁREAS DA VIDA | ATIVIDADES | QUANTO TEMPO? |
|---|---|---|
| Deus | Rezando | |
| | Lendo | |
| | Celebrando | |
| | Meditando | |
| Outros | Pais | |
| | Cônjuge | |
| | Filhos | |
| | Parentes | |
| | Amigos | |
| | Necessitados | |
| Eu mesmo | Esportes | |
| | Descanso | |
| | Estudos | |
| | Saúde | |
| | Lazer | |
| | Trabalho | |
| | Finanças | |

Vamos dar um passo a mais: quanto disso você já havia percebido e não quis mudar? O quanto tem usado a saúde, o trabalho, o estudo e até mesmo a Igreja para não encarar a vida com o equilíbrio que ela precisa? O quanto você tem utilizado essas áreas e tantas outras da sua vida para se ausentar de forma "lícita" dos seus outros compromissos?

## Ferramentas para reequilibrar a sua vida e realinhar seus valores

Eleja uma semana para avaliar o seu gasto de tempo. De preferência a semana anterior à leitura deste capítulo. Escreva a sua agenda semanal e analise-a. Faça um passo a passo desde a hora em que você acorda, listando tudo o que faz no decorrer dos dias.

Observe e perceba: quais áreas estão fazendo sombra para as outras? Como reorganizar essa agenda semanal para que as atividades se desenvolvam de maneira mais equilibrada?

*Exemplo de um dia da semana*

| Acordar | 6h30 |
|---|---|
| Banheiro | 6h40 |
| Café da manhã | 7h |
| Sair para o trabalho | 7h30 |
| Iniciar o trabalho | 8h15 |
| Almoçar | 12h |
| Reiniciar o trabalho | 13h30 |
| Sair do trabalho | 17h30 |
| Deslocamento para casa | 17h40 |
| Mercado | 18h |
| Em casa | 19h |
| Jantar | 20h |
| Ligar para os pais | 20h30 |
| Estudar inglês | 20h40 |
| Filme | 21h |
| Dormir | 23h50 |

Sabemos que trabalho, escola e afazeres domésticos acabam por tomar a maior parte do nosso tempo durante o dia, porém, já citamos que o tempo é um valor inestimável e que há muitas distrações. Veja quais ladrões de tempo você tem permitido em sua vida.

## Tabela dos ladrões de tempo

Mapeie aquelas atividades que mais percebe que têm roubado seu tempo, veja algumas sugestões e também, escreva as outras. Já vá pensando em como agir de forma diferente.

| Novelas | WhatsApp | Leitura inúteis | Jogos na TV |
|---|---|---|---|
| Facebook | Conversas inúteis | Dormir excessivamente | Telefone |
| Computador | Amizades vazias | Desorganização | Cozinhar |
| Filmes | Esportes | Trânsito | Arrumar a casa |
|  |  |  |  |
|  |  |  |  |
|  |  |  |  |
|  |  |  |  |
|  |  |  |  |
|  |  |  |  |
|  |  |  |  |
|  |  |  |  |
|  |  |  |  |
|  |  |  |  |
|  |  |  |  |

"O sábio não diz tudo o que pensa,
mas sempre pensa em tudo o que diz."
Aristóteles

# CAPÍTULO 4

## MEU JARDIM, SEU JARDIM

Neste ponto, pretendemos esclarecer novamente que você não tem "o poder" e que "querer não necessariamente é poder". Dizer que se colhe o que se plantou não significa que você é a terra, a semente, o sol e a água. Você apenas escolhe a semente e a planta; você a rega quando necessário e a protege em caso de muita chuva; realiza a poda e a colheita, afasta a praga e arranca a erva daninha. Sem você, não há jardim! No entanto, somente a sua presença não é suficiente para que as sementes brotem.

A partir de agora, vamos compreender outro aspecto importante: o nosso jardim não é isolado, o que plantamos influencia o jardim dos outros. Uma decisão nossa pode influenciar o jardim de nossos vizinhos. Nossa vida pode interferir positiva ou negativamente na vida dos outros; não somos uma ilha. Não podemos autoproclamar-nos independentes e senhores de nossas decisões. Um bom agricultor está sempre à procura de uma nova técnica de plantio, uma nova semente, um novo fruto, e o nosso bom exemplo pode auxiliar, mas a erva daninha de nossa vida também pode invadir o jardim de nossos vizinhos.

Meu jardim influencia o seu jardim e vice-versa.

Primeiramente, entendamos que nossa comunicação, seja ela verbal ou não, alcança todos aqueles que são confiados a nós: família, filhos, amigos, ambiente de trabalho, enfim todos acabam sendo influenciados pelo que sai de nossa boca.

Gestos e palavras são sementes lançadas.

Você precisa se conscientizar de que possui capacidade de fazer do seu próximo alguém melhor. Embora ele tenha a liberdade de agir como bem entende e seja responsável por seus frutos, podemos optar por ter um jardim tão belo que o encante e o transforme.

A sua comunicação, se estiver repleta de gratidão, incentivo e elogios, vai gerar o fruto condizente. Ter uma vida com atitudes positivas, vitoriosas, agindo sempre para o bem, também produzirá bons frutos.

*Avalie sua relação com Deus*: você proclama Deus como o seu Senhor? Sabe agradecer pela vida que ele lhe deu? Tem falado com Deus? Comunica a vitória que ele lhe permite viver? Ou tem palavras de acusação contra Deus e o culpa pela sua vida fracassada? Afasta-se dele, afirmando ser inútil estar com ele, pensando que a sua relação com ele é chata ou uma perda de tempo?

*Avalie a sua relação com os outros*: é repleta de gratidão e elogios? Você sabe agradecer? Sabe abençoar? Apoiar? Sabe dizer obrigado e incentivar? Ou só percebe o lado negativo dos outros, seus defeitos? Insiste em achar que é o único que sempre está certo? Acredita que os elogios são uma bobagem e não passam de obrigação? Gosta de se lamentar e é ávido em contar notícias ruins?

*Avalie a si mesmo*: o que você tem falado para si mesmo? Busca preservar uma identidade positiva? Reconhece as suas capacidades? Sabe filtrar as palavras que ouve e proclama a vitória na sua própria vida? Deseja grandes coisas para a sua vida? Ou se enche de palavras negativas, reforçando a sua baixa autoestima com palavras duras? Você vive reclamando, é negativo ao se comunicar, mostra-se insatisfeito?

Agora você compreende que a sua vida não é uma ilha isolada em todos os lados. Você influencia o ambiente em que vive e, se optar pelo terreno baldio, ou seja, não cuidar da sua vida e não produzir frutos, fará com que aqueles que o amam sofram, deixará de contribuir com o mundo. Sabemos que, falando assim, parece que somos pequenos em meio a uma quantidade tão grande de pessoas, mas os seus frutos farão falta à sua família, sua cidade, ao seu país e ao mundo. Você é único e insubstituível.

> Se não realizar a sua missão,
> não haverá outra pessoa para executá-la,
> se não usar os seus dons, eles farão falta ao mundo.

Uma pesquisa realizada em uma instituição de atendimento a doentes terminais perguntou a eles qual era o maior arrependimento em relação ao que fizeram em suas vidas. Quase unanimemente, eles responderam que não era o que haviam feito que trazia arrependimento, mas sim o que tinham deixado de realizar: as sementes que nunca plantaram, os abraços que nunca deram, as ideias que nunca saíram do papel, as boas intenções que não puderam pôr em execução. E o que não fizeram fez falta não só para eles, mas também para o mundo.

Comece hoje, comece mudando as suas palavras. Perceba o quanto pode influenciar aqueles que o rodeiam com as suas palavras e a sua postura. Tome agora uma decisão, plante coisas boas a partir das palavras que exprime. Permita que da sua boca haja uma única construção, de vida e esperança.

## Atividade 1

Para transformar o hábito da fala, sugerimos um exercício poderoso. Escreva uma lista com cinquenta motivos de gratidão (você pode começar escrevendo dez por dia até atingir os cinquenta acontecimentos pelos quais é grato), leia-os todos os dias, pratique a gratidão e presencie o crescimento dos frutos dessa nova semeadura na sua vida.

## Atividade 2

Será que você é uma pessoa grata?

Aceite agora um desafio. Ficar dez dias sem reclamar, frear a sua língua e estabelecer uma meta; não abrir a boca para reclamar de nada e de ninguém durante esse período.

Neste livro, já afirmamos que as mudanças ocorrem rapidamente. Aceite esse desafio da gratidão e da não reclamação e observe o que acontecerá em pouco tempo na sua vida.

"Mesmo que a vida de uma pessoa seja um terreno
cheio de espinhos e ervas daninhas,
há sempre um espaço
onde a semente boa pode crescer."

Papa Francisco

# CAPÍTULO 5

## MILHO CAMPEÃO

Preste atenção nesta linda história. Ela é real e foi contada por um amigo.

Durante a infância, ele vivia no interior e trabalhava na roça, plantando e vendendo legumes e hortaliças. No período de plantio de milho, recebia do pai a ordem de que a semeadura deveria ser feita em todo o terreno destinado ao plantio desse cereal, inclusive na parte central, onde havia um acúmulo de pedras. Os filhos ficavam intrigados e diziam ao pai que não adiantava jogar a semente naquele terreno pedregoso, pois os pés de milho não se desenvolviam e não produziam devido à terra rasa, diferente das outras partes do terreno que produziam muito bem. Apesar disso, a cada novo ano o pai pedia que o plantio também ocorresse ali.

Alguns anos depois, a prefeitura local disponibilizou máquinas para os agricultores que desejavam mexer nas suas terras. O pai de meu amigo solicitou um trator para que o terreno do milharal fosse limpo. A máquina trabalhou pesado, revolveu profundamente a terra, retirou pedregulhos enormes que eram arrastados manualmente pelos filhos do agricultor, em um trabalho pesado. O terreno foi emparelhado e, após algum tempo, a semeadura foi novamente realizada.

Espantosamente, aquela parte do terreno, que antes era cheia de pedras, agora produzia o melhor milho já cultivado nessa fazenda. No mesmo ano, em uma competição local, seu pai, o agricultor insistente, recebeu o primeiro lugar na avaliação do milho colhido. Sua persistência resultou, inclusive, no prêmio da mais bela espiga de milho colhida, é claro, exatamente na parte do terreno onde antes havia somente pedras.

Enquanto muitos desistiriam,
aquele sábio agricultor optou por se empenhar,
retirar as pedras e produzir o milho campeão.

Em qual situação podemos afirmar que não adianta mais plantar? Qual é a área da sua vida que, quando observada, faz com que você diga a si mesmo que não adianta investir, pois não haverá mudança? De quem você já desistiu, pensando que o esforço fosse inútil?

A história da humanidade tem inúmeros exemplos de supostos "casos perdidos" que, com o empenho necessário, tornaram-se exemplos de superação.

Você desistiu de si mesmo? Você desistiu de alguém?

> Não é a terra que não produz,
> são os agricultores que desistem.

Ao final de uma palestra direcionada às famílias de uma comunidade, encontrei um casal que se lamentava da relação com os filhos, pois o clima entre eles não era nada bom. Diziam-me aqueles pais:

— Nós já fizemos de tudo, não adianta.

Quando ouço frases de desistência, logo recordo a história do milho campeão. Não existem casos perdidos, existem pedras que precisam ser removidas. Olhei para aquele casal e perguntei, sabendo que a comunicação do amor, seja ela verbal ou não, é a maior força do universo:

— Vocês já fizeram de tudo mesmo? Com quantos abraços demorados vocês brindam seus filhos diariamente? Quantos elogios vocês fazem a eles diariamente? Cinco ou mais elogios? Quantos sorrisos e olhares de aprovação? Vocês dizem-lhes que eles darão certo na vida, profetizam coisas boas?

O casal, assustado, respondeu:

— Abraços demorados diariamente? Na realidade, não damos abraços demorados, mas eventualmente abraçamos. Elogios? Talvez dois por semana.

Conclui a conversa com a seguinte provocação:

– Queridos pais, vocês afirmam já terem feito tudo por seus filhos, mas parece que vocês não têm feito o essencial.

O casal disse que havia entendido o recado e que colocaria a orientação em prática. Nunca mais os vi, mas até hoje fico pensando se eles realmente puseram a sugestão em prática, se passaram a abraçar os filhos diariamente e de forma demorada, se substituíram a comunicação negativa por elogios e aprovações e, por fim, se aqueles pais começaram a profetizar coisas boas para o futuro daquelas crianças. Como seriam suas vidas, se eles realmente o fizessem?

É muito mais fácil não cultivar a terra e se lamentar, reclamar e apontar culpados. É muito mais fácil deixar a erva daninha tomar conta. Por outro lado, é muito mais bonito produzir frutos, é muito mais recompensador agir pelo melhor. O fato de você não saber arar a terra, não significa que a terra não produza. Da mesma forma, a falta de uma solução para seus problemas não quer dizer que ela não exista.

Entenda. Neste ponto, a grande pergunta a ser feita é: o que estou fazendo ou deixando de fazer que tem gerado esse resultado? O que posso fazer diferente?

Em meus seminários e cursos, é comum eu ser interpelado após alguma palestra, ocasião em que as pessoas se explicam e afirmam que nos seus jardins é diferente, que não adianta o empenho e a nova comunicação, se não conheço a realidade em que elas estão inseridas. Admito que há situações em que as pedras são gigantes, mas, conforme o que foi dito no início do livro, EU CREIO, e você é convidado a crer também.

Em um desses seminários, fui procurado por uma simpática senhora que me convidou para ir à casa dela conversar com o esposo. Dizia ela que o marido era irascível, irritadiço, grosseiro, egoísta, complementando com inúmeros outros adjetivos negativos, com os quais definia aquele homem. Ele havia abandonado a Igreja, não rezava, não ajudava em casa etc.

Perguntei a ela:

– O que você pode mudar para que a sua casa seja diferente?

Ela me encarou e disse:

– Meu filho, você não entendeu, estou dizendo que o problema é o meu marido.

Insisti, questionando-a novamente:

– Minha senhora, seu marido não está aqui e dificilmente conseguiremos ir até a sua casa para conhecê-lo. No entanto, a senhora está aqui e aproveito para perguntar-lhe novamente o que pode fazer para mudar essa situação familiar?

Espantada, ela repetiu:

– Meu querido, você não ouviu o que acabei de dizer? Não sou eu, é ele quem precisa mudar.

Sem me exaltar, insisti:

– A senhora é que não entendeu. Seu marido não está aqui, e nós cremos que sempre há uma maneira de retirar as pedras do jardim e fazer com que a terra improdutiva comece a produzir melhor.

Um pouco irritada e com voz alterada, a senhora comentou:

– O que quer que eu faça? Quer que eu receba aquele homem grosseiro com um sorriso no rosto, quando ele chega do trabalho?

Ao que respondi:

– Que maravilhosa ideia, minha amiga! O que mais poderia fazer?

Contrariada, ela respondeu:

– Agora só falta dizer que devo fazer o prato de que ele gosta e ficar na mesa, enquanto come com cara de desgosto, contando como foi o dia dele?

– Isso mesmo – respondi. – Então vamos combinar o seguinte: a senhora o receberá com um sorriso, fará um bom jantar e sentará à mesa enquanto ele come.

Mantendo o sorriso, escutará com alegria enquanto ele narra como foi o dia dele. Achei essa iniciativa ótima.

A senhora deu uma bela gargalhada, dando a entender que não tinha compreendido o que eu havia dito e foi-se embora.

É muito mais fácil dizer que o seu jardim é feio porque o outro também não cuida do dele.

Passado um tempo, encontrei novamente aquela senhora e fui até ela. Nessa ocasião, ela me confessou que havia ficado chateada com nossa conversa. No entanto, mais tarde, ela pensou: por que não tentar?

Passados alguns dias, pôs em prática o plano que ela mesma havia sugerido. Começou a receber o marido com um sorriso no rosto, fazendo um bom jantar e ficando à mesa com ele. No início, a tarefa não foi fácil, pois ele a agredia com palavras duras e desconfiança. Decidida, ela sabia que o jardim há muito não recebia cuidados e que os obstáculos eram grandes.

Apesar disso, assumiu um novo hábito e uma nova postura em casa. Decorridos não mais de vinte dias, ela informou ao esposo que sairia para a celebração da missa dominical e o marido prontamente lhe ofereceu carona.

Espantada com a gentileza, ela aceitou. Ao chegar à igreja, ele estacionou o automóvel e entrou com a esposa na celebração. Ele também começou a agir de maneira diferente desde então. Ela, muito empenhada em cultivar seu jardim, continuou desenvolvendo o hábito da comunicação positiva, com elogios, boas palavras e gratidão.

Concluindo, ela afirmou:

– Durante mais de vinte anos insistia com o meu marido para que ele voltasse para a Igreja. Falei mal, condenei, ameacei, rezei, fiz novena para ele. Mas, depois de apenas vinte dias, nos quais aceitei agir de forma diferente, rezando para que Deus me auxiliasse em minha própria transformação e me concedesse força para perseverar, o milagre aconteceu.

Por fim, ela questionou:

– E se eu tivesse feito tudo isso: sorriso, jantar, paciência e amor, e ele não tivesse mudado?

E revelei algo que, por sua vez, é o grande sentido do amor: um rio que só vai, nunca volta.

– Minha senhora, mesmo assim teria valido a pena, pois você mudou.

Caro leitor, essa é a chave para uma vida plena.

Durante um de meus seminários, um participante proferiu um comovente depoimento. Há mais de trinta anos aquela família amargava um pai distante e frio. Ele, como filho, ao se deslocar para casa, pensa: "Durante toda a vida temos exigido mudança de nosso pai. Mas entendi a metodologia. Não posso mais reclamar do jardim do outro, portanto, o que posso fazer para produzir o fruto de um novo relacionamento com meu pai?". Ao chegar em casa, ele se depara com o pai e, em um gesto comovente de humildade, pergunta:

– Pai, o que posso fazer para ser um filho melhor?

Calados, eles se encararam por dois minutos, até que o jovem rompeu o silêncio e disparou:

– Pai, tenho muito orgulho de ser seu filho.

Pronto, a pedra foi retirada e aquele pai respondeu dizendo que também se orgulhava dos filhos, afirmando que os admirava por suas decisões, seus estudos e seus trabalhos. Mais uma vez, a pedra foi retirada e o fruto surgiu.

Estes são alguns exemplos que falam de relacionamentos. No entanto, também podemos pensar nesse jardim como se fosse a nossa empresa. Quem é o responsável pelos resultados do seu trabalho? Quem é o responsável pelo valor que recebe de salário? O que é mais fácil: fazer somente o que pedem na empresa? Ou fazer algo a mais e melhor?

Fazer o básico para não ser demitido, aproveitando a internet da empresa no tempo de trabalho e ser movido por ameaças? Ou chegar cedo, ser proativo, ter como meta ser o melhor no que faz?

Esperar que a empresa insista para que você estude e faça cursos? Ou ler livros, procurar oportunidades, estudar e ser o melhor?

Em um de meus seminários, fui procurado por um jovem que se queixava do conteúdo da palestra e lamentava dizendo que não concordava com o fato de que os frutos eram de sua responsabilidade. Dizia ele:

— Então, quer dizer que fui demitido por minha culpa? Você acredita que, com toda a crise econômica pela qual o país passa, eu tenho culpa?

Esclareci a ele que, primeiramente, não me referi à culpa. Em nenhum momento quero dizer que a falta de frutos é culpa de alguém. Apesar disso, não há como negar que a existência ou não deles é responsabilidade de cada um.

A culpa paralisa,
enquanto a responsabilidade nos liberta
para agir de forma diferente.

Muitas vezes, não sabemos como cultivar, como regar e o que plantar. Colhemos o que não queremos, mas não adianta negar que nós plantamos.

"Não vos iludais, de Deus não se zomba; o que alguém tiver semeado, é isso que vai colher" (Gl 6,7).

Com compaixão e percebendo a dor daquele pai de família desempregado, questionei:

— Amigo, por que você acha que a crise foi o motivo que o levou a ser demitido, uma vez que a empresa poderia ter escolhido outros funcionários do setor?

Ele prontamente respondeu:

– Não sei, eu fazia tudo o que me pediam.

Rebati:

– Então, provavelmente os que ficaram na empresa, apesar da crise, foram os funcionários que faziam um pouco além do que era pedido.

Ele escutou e reconheceu que era isso mesmo. Completei, então:

– Amigo, não se entristeça, nem se sinta culpado. Apenas perceba o que pode fazer de diferente quando conseguir um novo emprego.

Entendendo o recado, ele disse:

– Da próxima vez, vou me empenhar para fazer mais do que me for pedido. Dessa forma, serei escolhido para ficar em uma eventual crise.

Observar o que estamos produzindo e optar por agir de forma diferente é uma vitória fantástica em direção a uma vida extraordinária.

## Atividade

Vamos retirar as pedras do terreno. Para tanto, você tem que resgatar o que pensa sobre si mesmo. O Criador lhe concedeu terra boa, a vida é que lhe impôs pedras.

O que costuma falar de negativo a respeito de si mesmo? Você se considera preguiçoso, bravo, chato, feio, fraco, medroso? Isso são pedras acumuladas, o Criador não o fez assim.

Então diga: conhecendo a perfeição do Criador, quem é você sem essas pedras?

Escreva em uma folha suas características negativas, coisas que falam de você ou que pensa sobre si mesmo. Em outra folha, anote características positivas correspondentes aos aspectos negativos anteriormente elencados. Elimine a folha com as palavras negativas e, durante o tempo que for necessário para que se convença, leia em voz alta as palavras positivas.

Por exemplo:

- Sou desorganizado.

    Retire essa pedra se convencendo da perfeição de sua criação e proclamando em voz alta: Sou organizado.

- Sou agitado e bravo.

    Declare: Sou calmo e equilibrado.

"A esperança não decepciona."
Paulo de Tarso

# CAPÍTULO 6

# ARRANQUE A ERVA DANINHA DA DESESPERANÇA

Há um hábito que deve ser extirpado de nosso meio: a desesperança. Uma das pragas mais devastadoras de qualquer jardim é a falta de esperança, a disseminação da desesperança. Os mais belos sonhos e jardins floridos às vezes são abortados simplesmente porque há desalento no ar.

Siga conosco e veja se você já não foi vítima dessa praga devastadora.

Alguém chega para você e fala das dificuldades em seu casamento, de como seu relacionamento não anda bem e que sua casa está em pé de guerra. Você ouve a história, fica apavorado com a narrativa e, não vendo saída para aquela situação, dispara:

— Amigo, conforme-se. Jesus Cristo sofreu, aprenda a sofrer também.

Pior ainda. Perversamente, diz:

— Que horror, saia logo desse tormento.

Observe que a lógica cega da desesperança domina a cabeça do conselheiro. Ele pensa: "A situação é difícil, não sei como aconselhá-lo. Meu amigo está sofrendo, fez tudo o que podia, coitado. Ou se conforma ou pula fora".

Quem nos autoriza a lançarmos o desespero na terra arrasada de nossos amigos? O que nos é pedido não é um conselho, uma solução, mas sim ESPERANÇA.

Diante de um jardim tomado de ervas daninhas e lixo, apenas sorria e diga, cheio de esperança: "Aqui pode haver o jardim mais lindo do mundo".

Ao ouvir uma narrativa triste, cabe a nós sermos humildes e dizermos:

– Amigo, sei que você tem sofrido, mas sonhe com um lar feliz, uma família linda, um casamento ainda mais lindo do que o de seu melhor sonho. Não sei como alcançará isso, mas, uma coisa é certa, é possível e é real. Tenha esperança, meu amigo.

No âmbito profissional, a desesperança também se faz presente:

– Amigo, penso em abrir uma empresa, ter muitos funcionários e empreender.

Ao perceber as limitações do jovem com a intenção de empreender, envolvido na cegueira da desesperança, você diz:

– Não seja ganancioso, conforme-se com seu emprego, toque sua vida.

A desesperança destrói sonhos. Por isso, volte a sonhar com um jardim maravilhoso. Quais foram as pragas da desesperança que você deixou entrar no seu jardim? Quais são as áreas da sua vida que já não produzem bons frutos? Quais sonhos foram esquecidos?

Não pretendemos aqui suscitar um estado de ânimo, um sentimento de achismo: "Acho que vai dar tudo certo", diria o otimista; "Acho que vai dar tudo errado", falaria o pessimista. A esperança é uma decisão que independe do achismo. É a nossa vontade de realizar a obra. Se os sentimentos ajudarem, melhor, mas serei movido pela decisão de perseverar, mesmo que o vento contrário dos sentimentos tente me provar algo diferente. Na leitura deste livro, alguns acreditarão e sentirão que há algo melhor por vir. No entanto, a mudança começa com a esperança, dizendo intimamente:

É possível, é real.

Os sentimentos pertencem aos registros passados, ou seja, são nossas experiências passadas que determinam o que sentimos. Como, por exemplo, se em algum momento você tentou falar o que pensava e foi ofendido, calado ou castigado, terá sentimentos ruins sempre que precisar falar o que pensa, devido à lembrança dos registros da sua história. Se você é uma pessoa que se deixa guiar pelos sentimentos, ficará reproduzindo o passado. Ter esperança é quebrar esse ciclo, acreditar que, embora não tenha dado certo até agora, e os sentimentos dominantes tenham sido o medo e a dúvida, você tentará mais uma vez e, contrariando seu bem-estar, agirá com DECISÃO, e não somente com otimismo.

## Atividade 1

Quais foram as desesperanças que você deixou entrar na sua vida? O que tinha no coração e na mente como visão de uma vida extraordinária e que jogou fora? O convite transformador tem por objetivo fazer com que você volte a sonhar, mesmo que não saiba "COMO" realizar os desejos, que possa simplesmente voltar a desejar um jardim fantástico em todas as áreas de sua vida. Crie uma lista com seus sonhos:

Em quais sonhos você foi o responsável pela erva daninha? Para quais pessoas e em que situações, por achar que fazia o bem ou por maldade, semeou a desesperança, destruindo os sonhos alheios? Liste o nome dessas pessoas e veja o que pode fazer para devolver-lhes a esperança. Diga-lhes que é possível sim, mesmo que não saiba responder "COMO", a realização de seu sonho. Peça que elas voltem a acreditar e a sonhar com situações maravilhosas.

Abaixo há algumas ideias, assinale as que você já vivenciou e veja que ações tomar para devolver a esperança aos outros. Complete com outras situações que lembrar.

☐ Desanimei os meus filhos com relação a um futuro melhor.
☐ Disse a meus filhos que nunca seriam ninguém.
☐ Desencorajei meus filhos de seus sonhos.
☐ Desencorajei amigos de empreender, viajar, crescer.
☐ Desanimei outros a investirem em amizades, casamento, filhos.
☐ Desmobilizei a empresa em seus projetos e inovações.
☐ Comuniquei desesperança, desgraça, maldição.
☐ Desejei a morte como solução para meus problemas.

## Atividade 2

Quais são os sentimentos que têm determinado suas ações? Aponte os sentimentos mais comuns em você e observe quais são os ganhos e os prejuízos causados por eles. Em seguida, mediante os que causam prejuízo, qual é a sua decisão? Continuar a agir com base neles ou decidir fazer de outra forma e esperar resultados diferentes? Quais ações contrárias a esses sentimentos pretende realizar? Quando?

| Sentimentos | Prejuízo ou benefício gerado |
|---|---|
| Raiva | |
| Indignação | |
| Amor | |
| Ódio | |
| Vitimização | |
| Carinho | |
| Depressão | |
| Ansiedade | |
| Estresse | |
| Gratidão | |
| Merecimento | |
| Paz | |

Ao analisar esta tabela e suas respostas, qual é a sua percepção? E qual é a sua decisão?

"A Bíblia diz em Mateus 5,48:
'Sede, portanto, perfeitos como vosso
Pai celeste é perfeito'.
Você já é perfeito como Deus?
Enquanto houver tempo,
há sempre algo a melhorar."
Angelo Longhi

# CAPÍTULO 7

## UM JARDIM CADA VEZ MAIS BELO

Conforme citado anteriormente, as coisas acontecem em nossa vida de acordo com a maneira como agimos. Queremos aprofundar esse tema e pedir a você que abandone a passividade, a procrastinação e a acomodação. Não há, na história da humanidade, alguém que tenha conquistado algo significativo mantendo-se na sua zona de conforto. O palco dos acomodados é a acusação. Não há nada mais paralisante do que acusar os outros de, supostamente, nos colocarem onde estamos.

Por que você ainda não conquistou o que desejava? Por que ainda não tem a saúde que almeja? Por que ainda não tem os relacionamentos extraordinários que merece? Por que a sua vida financeira não é como você sonha?

Observe as suas respostas. Se foram humildes, levaram a uma constatação: a vida que você leva, em todos os seus aspectos, é fruto das suas decisões em agir ou não agir. Sempre poderíamos ter feito mais e melhor. A excelência é algo que deve ser perseguido.

Não há mérito nenhum em ficar acomodado, em dizer que "está bom assim". Isso degrada a obra-prima da criação de Deus. A imagem que me vem à mente é a de uma escavadeira gigante, com garras poderosas, cuidando de uma flor em um vasinho de barro. Nosso potencial desperdiçado é a maior perda da humanidade.

> Termos a meta da excelência é a única garantia
> de que continuaremos caminhando sempre,
> contemplando a beleza do caminho
> rumo ao "cume da montanha".

Preste atenção a este parágrafo de São Mateus: "Vós sois a LUZ do mundo... Não se acende uma lâmpada para colocá-la debaixo de uma caixa, mas sim no candelabro, onde ela brilha para todos os que estão em casa" (5,14ss).

A escuridão não ajuda o mundo. Esconder nossas capacidades, talentos, apequenar-se em ímpetos de falsa humildade, não ajudam o mundo. As pessoas necessitam de luz, por isso não podemos temer ser excelentes no que somos e fazemos. É o melhor de nós colocado em evidência que auxilia direta ou indiretamente outras pessoas a também ser melhores.

Quem disse a você que seria melhor esconder-se "debaixo da caixa" da conveniência e da acomodação?

Qual é a sua decisão? Brilhar ou se acomodar, usando a mentira do ser pequeno para justificar a sua preguiça, falta de ação e medo?

O tempo passa, e não há outra vida senão esta. Enquanto espera que algo mude, o mundo perde, e você também.

"É o nosso melhor que realmente
transforma o mundo."
Pe. Diego Bettoni

# SETE PASSOS PARA A COLHEITA EXTRAORDINÁRIA

Apresentamos nossa fórmula para cultivar esse jardim, para atrair as borboletas, produzir frutos e perfume, empregando bem o TEMPO.

*1. Reconheça seus frutos.* Eles definem o que você tem plantado. Tenha a habilidade de perceber quem você é, não a partir de seus conceitos, mas de seus resultados. Questione-se, veja o quanto você tem de saúde, dinheiro, amigos, união familiar, presença de Deus. Esses frutos, ou a ausência deles, o definem.

*2. Responsabilize-se pelo plantio.* Reconheça que foi você que semeou ou deixou de plantar, por ação ou omissão, por maldade ou ingenuidade. Você é responsável pelo que tem colhido ou deixado de colher no jardim de sua vida.

*3. Creia que é possível e é real.* Você deve ter esperança, não precisa saber o "COMO?", basta voltar a desejar coisas valorosas e grandiosas, sonhos lindos e grandes, sonhos dignos de filhos amados de Deus, imbuídos de dons e missão.

*4. Opte em agir.* Quando somos humildes e verdadeiros, aceitando os resultados como nossa responsabilidade, sabemos também que temos como agir de modo diferente. Observe passo a passo o que você pode fazer diferente, sem esperar pelos outros, sem culpar ninguém. Comece a agir, a tomar decisões com data para acontecer. Saia da estagnação.

*5. Espalhe boas sementes.* Palavras são sementes, e o primeiro passo é comunicar sua gratidão. Palavras elogiosas sobre você mesmo, sua identidade e capacidade. Palavras elogiosas para os outros. Comunicar amor de forma verbal e não verbal.

*6. Cuide do seu jardim.* Não foque em apenas um aspecto de sua vida: nem só no outro, nem só em si mesmo, nem só em Deus. Não adianta ter conquistas pessoais, se estivermos sozinhos e longe de Deus. É uma mentira dizer que amamos a Deus estando longe de todos e um engano se dedicar aos outros menosprezando a si mesmo. Cuide para que tudo se desenvolva com equilíbrio.

*7. Seja excelente.* Mesmo que esteja satisfeito com a vida que leva, sempre há algo a melhorar. Repita o ciclo da colheita constantemente, não se acomode, saia da zona de conforto. Lembre-se de que toda terra não cultivada, assim como um belo jardim abandonado, é atrativo para a erva daninha e o lixo.

É possível e é real.

## Exemplo I

*Situação:* Percebo o quanto meus filhos brigam e são indisciplinados. Desejaria ver, como fruto da minha paternidade (maternidade), maior união e harmonia entre meus filhos.

*1. Reconheça seus frutos.* O fruto de minha paternidade (maternidade) são filhos brigões e indisciplinados.

*2. Reconheça que foi você que os plantou.* Será que meus filhos são mesmo brigões ou sou um pai/mãe tão ausente a ponto de eles precisarem disputar minha atenção por meio de brigas? Será que meus filhos são indisciplinados ou sou um pai/mãe ausente que não tem ensinado de uma forma alegre como é bom fazer as coisas da maneira certa? Acredito que tenho sido um pai/mãe ausente, e, quando estou junto deles, não tenho olhado, abraçado, elogiado e não me dediquei a dar bons exemplos, incentivando a disciplina? Não vou prender-me à culpa, o que passou, passou, aprenderei com meus erros, serei grato por ainda ter tempo e agirei diferente.

*3. Creia que é possível e é real.* Acredito que posso ter filhos unidos, alegres, vencedores e disciplinados. A família unida e feliz é um sonho comum. Desejo vê-los bem, maduros e cumprindo suas missões. Tenho esperança.

*4. Opte em agir.* O que posso fazer diferente? Pretendo ficar mais tempo com meus filhos nas horas vagas.

Como farei isso? Enquanto estiver em casa, priorizarei minha presença junto deles, sem usar celular ou computador, sem ligar a TV. Vou abraçar e elogiar, promover jogos e conversas. Agirei mais para propor atividades em família. Serei mais disciplinado para dar exemplo a eles. Começarei hoje a agir assim. Creio que é possível, é real.

5. *Espalhe boas sementes.* Decidi não reclamar mais dos filhos que tenho. Serei cada vez mais grato por tê-los. Vou exercitar a gratidão, elogiá-los em seus acertos e incentivá-los no que precisa ser melhorado. Oferecerei dois elogios diários a cada um. Não os chamarei mais de brigões nem usarei qualquer outra palavra negativa. Sorrirei mais, não reclamarei mais da vida que tenho.

6. *Cuide de seu jardim.* Vou cuidar de minha saúde, voltar a praticar esportes, me reconciliarei com meus pais e regressarei para a Igreja. Vou me empenhar em trabalhar melhor e fazer um curso que possibilitará aumentar meu salário, modificando a condição de vida da família em todos os aspectos.

7. *Seja excelente.* Se meus filhos não melhorarem logo, vou perseverar e amá-los ainda mais. O que me importa não é apenas vê-los diferente, mas ser um pai/mãe melhor. Vou repetir o ciclo do plantio nas outras áreas da minha vida. Vou me empenhar em produzir outros bons frutos em nossa vida familiar, de modo a cumprir a minha missão de mostrar ao mundo que é possível ter uma família feliz.

## Exemplo II

*Situação:* Meu casamento não anda bem, há brigas e ameaça de divórcio. Desejaria ver como fruto de meu casamento a fidelidade, a alegria e a felicidade.

*1. Reconheça seus frutos.* Os frutos do meu casamento são brigas e desunião.

*2. Reconheça que foi você que os plantou.* O que tenho feito ou deixado de fazer para que a situação tenha chegado a esse ponto? Fui egoísta, não tenho sonhos nem metas, não cuido da minha vida e culpo o outro pela minha infelicidade. Reconheço que tenho prazer em brigar, sou orgulhoso, trato minha esposa/meu esposo de forma possessiva e grosseira. Tenho me deixado guiar por sentimentos ruins.

*3. Creia que é possível e é real.* Acredito que meu casamento pode ser muito melhor. Que a separação não é a solução. Sonho com um casamento muito feliz e prazeroso, com metas partilhadas e respeito. Tenho esperança.

*4. Opte em agir.* O que posso fazer diferente? Surpreenderei amorosamente meu esposo/minha esposa toda semana, com coisas simples: um cartão, flores, passeios, gentilezas. Vou convidá-lo/a para sairmos juntos ao menos uma vez por semana. Dividirei as tarefas domésticas, darei prioridade aos pedidos que ele/ela me faz. Não falarei mais mal da família dele/dela e pedirei perdão por minhas atitudes egoístas, grosseiras.

*5. Espalhe boas sementes.* Decidi não reclamar mais dele/dela, do nosso casamento e de mim mesmo/a. Vou exercitar a gratidão, elogiarei os acertos e incentivarei o que precisa ser melhorado. Farei três elogios diários a ele/ela. Serei humilde e perguntarei o que ele/ela espera de mim. Serei mais carinhoso/a, paciente e escutarei com atenção.

*6. Cuide de seu jardim.* Não focarei minha atenção apenas em querer restaurar minha união: cuidarei de minha saúde, farei exames, voltarei para a academia, passarei a auxiliar uma instituição de caridade com doação e voluntariado. Ficarei mais com nossos filhos, convidarei amigos para vir a nossa casa e rezarei mais. Levarei minha profissão mais a sério e cuidarei melhor do meu dinheiro.

*7. Seja excelente.* Vou rever o que ainda pode ser feito. Não quero descuidar de minhas conquistas. Meu/minha cônjuge e meus filhos merecem que eu seja uma pessoa cada vez melhor. O mundo precisa que eu seja sempre um pouco melhor e sairei, de uma vez por todas, da zona de conforto nas diversas áreas de minha vida.

# NOTA DOS AUTORES

Este livro é uma semente que foi lançada, caiu no seu terreno no momento em que você o abriu e começou a lê-lo. Agora, cabe a você cuidar e regar essa semente para que se concretize em frutos na sua vida. Não deixe para amanhã, não viva de "boas intenções", lembre-se de que o tempo só se gasta.

Comece e, em breve, colherá uma vida plena. Tenha esperança de que os frutos virão. Aja com o poder da esperança. Creia: É POSSÍVEL, É REAL.

Rua Dona Inácia Uchoa, 62
04110-020 – São Paulo – SP (Brasil)
Tel.: (11) 2125-3500
http://www.paulinas.com.br – editora@paulinas.com.br
Telemarketing e SAC: 0800-7010081